Di lo que quieres decir
2024

En memoria de
Alcides Ramón Meléndez

Antología de siglemas 575

Di lo que quieres decir 2024

Antología de siglemas 575

En memoria de
Alcides Ramón Meléndez

Patricia Schaefer Röder, Editora

Colección Carey

Ediciones Scriba NYC

Di lo que quieres decir 2024 – Antología de siglemas 575
Patricia Schaefer Röder, Editora
© 2024 PSR
Ediciones Scriba NYC
Colección Carey – Poesía

Fotografía y arte de portada: Jorge Muñoz
© Ediciones Scriba NYC, 2024

siglema575.blogspot.com

Impresión: Kindle Direct Publishing

ISBN: 9798985471380

Scriba NYC
Soluciones Lingüísticas Integradas
26 Carr. 833, Suite 816
Guaynabo, Puerto Rico 00971
+1 787 2873728
scribanyc.com

Octubre 2024

Plenitud total
desborda nuestras almas
arcoíris sin fin.

Abres las vidas
trayendo armonía
dulce perfume.

Zarabandas, mil
llenan los corazones
que parten su pan.

Patricia Schaefer Röder
"PAZ"

CONTENIDO

PRÓLOGO

Se dice que el agua es vida. La paz también lo es. Y todos sabemos que la esperanza es lo último que se pierde. La esperanza nos da ánimo para seguir adelante, para buscar la paz que traiga una mejor vida para todos. En estos momentos de gran barahúnda política e inestabilidad social en todo el globo, a veces nos sentimos agobiados o perdidos y necesitamos expresar nuestros sentimientos e inquietudes. Entonces recurrimos a la poesía por su poder terapéutico y sanador espiritual.

Dentro de la tendencia actual a la escritura breve, la poesía minimalista ocupa un lugar cada vez más notable en las letras mundiales. Un *siglema 575* es un poema que se escribe según su título, que va en mayúsculas, como un acrónimo. En un siglema 575 hay tantas estrofas como letras tenga el título. Cada estrofa posee tres versos, y la primera palabra del primero debe comenzar con la letra correspondiente a la sigla que le toca. La métrica es 5-7-5, con rima libre. Por su naturaleza acrónima, cada estrofa debe contener una idea cerrada y terminar en punto, para funcionar de manera independiente como un poema autónomo que trate el tema del título, y en conjunto, como parte de un poema de varias estrofas que gire alrededor del mismo tema. El siglema 575 es de métrica breve y cuenta con reglas sencillas para su construcción. Si se desea, pueden aplicarse la métrica natural y las licencias poéticas. Al ser de temática y rima libres, le confiere al poeta todo el poder creador y conceptualizador desde el mismo título del poema. Si se siguen las reglas correctamente, el siglema 575 puede ser el primer paso en el descubrimiento de la poesía como una importante forma de expresión.

Durante el mes de enero de 2024, Scriba NYC Soluciones Lingüísticas Integradas abrió la convocatoria del 10. Certamen Internacional de Siglema 575 "Di lo que quieres decir" 2024. Este año, el certamen contó con poetas de 21 países de América, Europa y Asia, que enviaron 363 poemas sobre una gran variedad de temas. El jurado estuvo formado por cuatro personalidades de la letras de tres países: Jaime Agustín Ramírez (México), poeta ganador del 9. Certamen Internacional de Siglema 575 "Di lo que quieres decir" 2023, participante en 14 foros alternos de poesía y literatura en Guadalajara, seleccionado en seis ediciones del Certamen Internacional de Siglema 575 "Di lo que quieres decir", con una Maestría en Sistemas de Manufactura, es Profesor Investigador en la Universidad Tecnológica de la zona metropolitana de Guadalajara, egresado de la Universidad de Guadalajara del Centro Universitario de Arte, Arquitectura y Diseño; María Dávila (Puerto Rico), poeta, escritora y lectora ávida, autora del poemario *Versos de lluvia*; Robert Téllez M. (Colombia), periodista e investigador musical, miembro del Círculo de Periodistas de Bogotá (CPB), autor de los libros *Ray Barretto, Fuerza Gigante* y *Willie Rosario, el Rey del ritmo*, consultor y conferencista sobre la apreciación de la música salsa; y Walberto Vázquez Pagán (Puerto Rico), poeta prolífico y escritor, autor de los poemarios *Bajo el eco de tus pies*, *Un viajero con dos boletos* y *Beso tus labios y olvido mi existencia*. Estos expertos consideraron los siglemas 575 participantes en cuanto a su lírica, estética, minimalismo, conceptualización del tema en cada estrofa e integración de todas las estrofas en un poema que plasme el tema de inspiración.

Este año, el primer lugar lo obtuvo AGUA, de Fátima Chávez Juárez (México); el segundo lugar lo mereció *CONSUMMATUM EST*, de Wigberto Méndez García (Puerto Rico) y el tercer lugar fue para SAL, de María Elena Salinas Cortina (Puerto Rico / España). Las menciones honoríficas fueron otorgadas a *QUILTING*, de Jimena Trejos Quesada (Costa Rica); CARDÚMENES DE PECES, de Dora Luz Muñoz de Cobo (Colombia); *ATZIRI*, de Martha Sandoval Ramírez (México); SOY EL QUE ESPERA, de Joshua Serrano Maclara (Puerto Rico);

LAPISLÁZULI, de Sofía Jiménez Rodríguez (México); NIÑOS MUERTOS, de Elisanne Zabaleta (Venezuela) y PALABRAS, de María Del Pilar Reyes (Estados Unidos / Puerto Rico).

Muchos de los participantes del certamen "Di lo que quieres decir" 2024 se expresaron sobre la situación social en el mundo y la esperanza de un futuro de paz y democracia para todos. Otros se enfocaron en su amor por la tierra que los vio nacer, en su cultura y sus creencias. El amor y los sentimientos, la familia, la naturaleza y sus elementos fueron temas universales abordados por un gran número de poetas en este punto de encuentro internacional. También el arte, la música, la ausencia y el silencio, el idioma, e incluso la ciudad, sus parques y estatuas, entre otras estampas, quedaron plasmados a través de la forma poética minimalista del siglema 575.

Di lo que quieres decir 2024 recoge los siglemas 575 premiados y destacados, así como una selección de siglemas 575 participantes en el certamen.

Dedicamos esta edición del certamen de siglema 575 a la memoria de nuestro querido poeta venezolano Alcides Ramón Meléndez, amante de las letras y gran entusiasta del siglema 575, quien falleció en febrero de este año. Alcides Ramón Meléndez fue un hombre íntegro y generoso; una persona afable y colaboradora, con quien siempre se podía contar, y lo recordamos con mucho cariño. El 10. Certamen Internacional de Siglema 575 es una pequeña demostración de nuestra profunda gratitud y un humilde homenaje en su honor.

Scriba NYC Soluciones Lingüísticas Integradas agradece la concurrencia de los participantes en este encuentro internacional y felicita a los poetas premiados, así como a todos los concursantes, por haber aceptado el reto poético minimalista del siglema 575, atreviéndose a *decir lo que quieren decir*.

Patricia Schaefer Röder, Editora

—

17

ALCIDES RAMÓN MELÉNDEZ
*1939 – † 2024

Nació en Chivacoa, Estado Yaracuy, Venezuela, en 1939. Educador y Licenciado en Administración egresado de la Universidad Central de Venezuela. Fue profesor de matemáticas en el Instituto de Comercio El Valle (1960-1969), la Escuela Técnica Caracas (1969-1972) y el Ciclo Básico Teresa Carreño (1972-1987). A su retiro de la educación básica fue profesor de contabilidad en la Universidad Nueva Esparta y miembro de la directiva de la Federación de Colegios de Licenciados en Administración de Venezuela (FECLAVE) hasta su jubilación.

Ávido lector e investigador, poeta y declamador, Alcides encontraba inspiración en su familia, en su entorno inmediato y en el acontecer diario de su tierra natal. Su primer poema publicado, "VENEZUELA", apareció en la antología de siglemas 575 *Di lo que quieres decir 2018*, el mismo año en que emigró de Venezuela a los 79 años de edad para reunirse con sus hijos y nietos en la ciudad de Nueva York, Estados Unidos. Desde entonces, y cada año hasta su partida, contribuyó con sus poemas a esta publicación, así como también a *Libre: voces venezolanas por la libertad de expresión* (2022) y *Vivas las queremos: voces del mundo contra el feminicidio* (2023). Ver sus trabajos líricos publicados fue una fuente de gran orgullo, alegría y vitalidad para él y para quienes lo rodeaban.

Alcides Ramón Meléndez falleció en la ciudad de Nueva York en febrero de 2024, abrazado por su querida familia y amigos. Quienes tuvimos la dicha de conocerlo, compartir proyectos y trabajar junto a él, lo extrañaremos eternamente.

SIGLEMAS 575
PREMIADOS

PRIMER PREMIO

Fátima Chávez Juárez
México

AGUA

Abren compuertas
y escapas de tu cárcel
a la libertad.

Guía un cauce tu
cuerpo acuoso que corre
pendiente abajo.

Un río con sus
riberas recibe tu
caudal nervioso.

Abrazas el mar
termina el curso, ahora
llueves en gotas.

Wigberto Méndez García
Puerto Rico

CONSUMMATUM EST

Consumado es.
Desde el origen mismo
todo se acaba.

Ondula el tiempo
como ola inclemente
que se derrama.

Nacen y mueren
todas las cosas albas
cuando envejecen.

Son espejismos
realidades opuestas
que nos engañan.

Una ilusoria
imagen reflejada
en nuestro espejo.

Memento mori:
la ineludible verdad
de la existencia.

Muerte segura
el cuerpo que habitamos.
Vivirá el alma.

Antes de la luz
la sombra era la nada
como este cuerpo.

Tumba viviente
donde aprende el alma
que el amor sana.

¡Una plegaria
tan sólo necesito
para salvarla!

¡Muerte! ¡Mi hermana!
Ven a salvarme, Amiga
dame un mañana.

Estoy exhausto
mi espíritu reclama
paz y consuelo.

¡Sostenme, Vida!
Quítame la atadura
que impuso el tiempo.

Todo está hecho.
En tus manos me entrego
en paz me muero.

TERCER PREMIO

María Elena Salinas Cortina
Puerto Rico / España

SAL

Sabor y gracia.
Polvo de océano
arena blanca.

Adobo fino.
Sapidez a lágrimas
cristal líquido.

Lienzo brillante
en litoral rocoso.
Nos da la vida.

MENCIONES
HONORÍFICAS

Jimena Trejos Quesada
Costa Rica

QUILTING

Quiebra el cuadro
cósele las rupturas
busca amparo.

Una costura
júntalas como parche
eso las cura.

Intenta no ir
déjalas sin tú sufrir
tu vida vivir.

Llueve en abril
cúbrelas con tus plumas
libre y sutil.

Tiempo nos sobra
escóndelas, ¡de prisa!
El hado cobra.

Interna aguja
niégale la ayuda
a tu Maruja.

Noble el ave
que en la jaula nace
caerá suave.

Grazna, perico
míralas desde lejos
amor suplico.

Dora Luz Muñoz de Cobo
Colombia

CARDÚMENES DE PECES

Cálido fluir
danza de luz armónica
susurra el mar.

Azul el cielo
tras esponjosas nubes
como sonatas.

Rayos titilan
entre bancos de peces
fulgor de noche.

De las estrellas
manantial diamantino
y salmonetes.

Unir defensas
oratorio en coral
las barracudas.

Miles de barbos
la luna los cobija
es sincronía.

Erectos van
con la arena revuelta
divertimento.

Nubes en sombra
la fluidez acoplada
en sinfonía.

———

En el romance
llega este danzarín
acoplamiento.

Surgen reflejos
ilumina rincones
fosforescencia.

Dibuja sol
brillan los escamosos
en su vaivén.

Emergen peces
migran con elegancia
bailan en grupo.

Pequeño líder
mil pétalos de loto
atunes flotan.

El viento sopla
en hipnótico acorde
bandos de anchoas.

Claro de luna
hilados entre arpegios
nadan siluros.

El resplandor
adorna los rayados
van en escuela.

Saltan por doquier
llega dulce oleaje
vals en el mar.

Martha Sandoval Ramírez
México

ATZIRI

Al náhuatl llama
en la fresca mañana
gota de rocío.

También el maya
la gran victoria gana
maíz oro puro.

Ziri le llama
hay lluvia de estrellas
la reina sopló.

Imaginarte
reina de las estrellas
y el maíz santo.

Riqueza pura
alimento del pueblo
comen gustosos.

Inmensa luna
cubrió al indígena
cuando él durmió.

MENCIÓN DE HONOR

Joshua Serrano Maclara
Puerto Rico

SOY EL QUE ESPERA

Soy la espera
sé que hoy no llegarás
siento ebriedad.

Oriente, norte
occidente, cardinal
orientación fue.

Ya siento que no
yo siento que no será
ya nosotros no.

Equidistantes
eternamente cerca
elevas nubes.

Liberas llanto
longevo, efímero
lento muy lento.

¿Qué quieres de mí?
Que soy quien espera hoy
quimeras ciegas.

Usurpar miedos
ulular en silencio
usual, no común.

29

Efímero voy
eterno, caducidad
estupefacto.

Esperándote
espera, siempre estoy
escapan horas.

Sastre hilando
síntomas de olvido
saludo tiempos.

Perpendicular
perfilo la sobriedad
pero espero.

Estadístico
estrambótico, lento
estaca, punta.

Raídos sueños
relucir oscuridad
rampante pregón.

Aquí espero
aquilatando tiempo
anónimo fui.

MENCIÓN DE HONOR

Sofía Jiménez Rodríguez
México

LAPISLÁZULI

Laceraciones
en muros infinitos
de tonos nieve.

Animosidad
en un *rictus* ficticio
de jacarandas.

Pena podrida
en un dialecto añil
de origami.

Inconcebibles
vaticinios en brumas
tan sempiternas.

Serendipia en
el extenso sendero
de la esencia.

Lazos de sangre
mordiscos al destino
sueños de goce.

Ambivalente
despertar de aflicción
entre los mundos.

Zambulléndose
en un universo de
desesperanza.

Un universo
capaz de distorsionar
la superficie.

Lunar instante
en nubes de cobalto
enternecidas.

Irrisorio tal
acertijo en piezas
hecho de oro.

Elisanne Zabaleta
Venezuela

NIÑOS MUERTOS

Niños *warao*
habitantes de aguas
barca del cielo.

Indios tendidos
somnolencia del árbol
bajo la sombra.

Ñapa moneda
para cubrir al pago
antropomorfo.

Orinoco de
aves perdidas en las
lágrimas del sol.

Sueños en hilos
colgando en las palmas
ríos de peces.

Mundo cruel en las
aguas del río abajo
de pies descalzos.

Urge la mano
de Dios en las palmas del
moriche seco.

Emergen al sol
nenúfares del fango
ninfeáceas.

Rotos hijos en
leyes e invisibles
huérfanos eco.

Tantos clamores
a la oscura selva
vendaval de sal.

Orinoco de
aguas claras, lluvia en
oscura noche.

Salvador de las
lágrimas rotas madre
huérfanas *uka*.

MENCIÓN DE HONOR

María Del Pilar Reyes
Estados Unidos / Puerto Rico

PALABRAS

Provocativas
si escritas con prudencia
en sutil versar.

Altisonantes
verbos que entonan amor
en una canción.

Labiales gestos
para el diplomático
en su oratoria.

Amordazado
el que carece de ellas
triste enmudece.

Barrocas lenguas
complejas las sellaron
elaboradas.

Retumban, gritan
espadas penetrantes
con disfraz de ira.

Arrullos dulces
para la poesía
mecen las cunas.

Sosiegos de paz
alicientes al duelo
solventan guerras.

SIGLEMAS 575
DESTACADOS

Sandra Santana
Puerto Rico

ESPERANZA

En las palabras
procuro hallar la fuerza
para elevarme.

Sobre la angustia
y los tiempos de guerra
busco sosiego.

Poesía viva
ilumina las mentes
y las conciencias.

En un siglema
hoy convoco a la razón
y a la empatía.

Reunamos voces
que resuenen discursos
antibélicos.

Aunemos fuerzas
con propósito de ser
entes de cambio.

No es imposible
juntos podemos hallar
las soluciones.

Zarpar sin miedo
hacia un mejor futuro
resulta urgente.

Alcanzar la paz
debiera ser consigna
de las naciones.

María Elena Salinas Cortina
Puerto Rico / España

CARTA

Canción secreta
pensamientos reales
prosa escondida.

Amor en letras
que el tiempo no borra.
Pacto eterno.

Reclamo, ruego
de almas descontentas
buscando razón.

Textos secretos
autores anónimos.
Amenazantes.

Adiós, partida.
Carta de despedida
llorosa, triste.

Edwin Colón Pagán
Puerto Rico

SAL

Salgo desnuda
sazono caracolas
sudando espumas.

Adoro el mar
aderezo con mi flor
arenas blancas.

Labios azules
lenguas como marullos
lamen mis pétalos.

Claudia Izquierdo Salvin
Uruguay

AHORA

Amante tierno
que en horas compartidas
irradias luz.

Horas felices
que traen a mi mente
al recordarte.

Oro y diamantes
me gané al conocerte
amado mío.

Rayos de sol
alumbran ya los techos
con esperanza.

Ahora llega
un mar de esperanza
a mi corazón.

Susi Velasco
Alemania

AREPAS

Aros al maíz
manos de mi abuela
calor y hogar.

Redondas quedan
nata, suero, maracas
mixto tropical.

Emana olor
cambur pintón al cuatro
desde el fogón.

Parranda criolla
tambores pilando son
sabor y amor.

Ay, qué bendición
rellena bien mi alma
masa tricolor.

Sabor y tierra
bendito majarete
venezolano.

María Q. Rondón de Hanway
Estados Unidos / Venezuela

NO BINARIO

Natura dual en
eternos guarismos que
sujetan al *yang*.

¡Oh, ecléctico
cuerpo en el que yacen
dos espíritus!

Bifurcada la
dicotomía que en la
carne renace.

Invocación real
del exclusivo ritual
de ser quien yo soy.

Némesis sombría
de errados convenios
del ser humano.

Aprensivos los
ángeles asexuados
van de la mano.

Recolectando
flores de los almendros
y los manzanos.

Incólumes los
corimbos de flores con
dos sexos brotan.

Omnisciente mi
identidad dualista
clama libertad.

Nélida González de Tapia
Argentina

ENAMORADA

Es en tus brazos
donde siento la calma
dulce pasión.

Noches doradas
de fogosas miradas
canto de amor.

Almas unidas
cual rojos torbellinos
somos los dos.

Miro tus ojos
oleajes celestes
tocan mi piel.

Olas divinas
que rodean mi cuerpo
enardeciéndolo.

Rompe el silencio
tu voz que es melodía
en mis oídos.

Amanecidos
entre luces y sombras
sábanas blancas.

Diáfana brisa
entra por la rendija
de una ventana.

Atrae sol
dejando en nuestro lecho
hilos dorados.

43

SIGLEMAS 575
SELECCIONADOS

Juan Fran Núñez Parreño
España

MI ALMA

Mi ser interno
eres mi yo profundo
mi luz de esencia.

Impulsas firme
mi vida y mis amores
divina fuerza.

Amiga eterna
tú emanas mi conciencia
a cada instante.

Limpia sustancia
eres tú la más pura
del universo.

Mi yo infinito
del pasado y presente
y del futuro.

Ante ti el todo
fuera de ti la nada
siempre contigo.

Celia Karina San Felipe
Estados Unidos

PODER

Políticas de
mujeres que suben por
mando y poder.

Oposición a
la destitución es la
nueva inversión.

Democracia con
gobiernos de género
en el Congreso.

Entendemos que
gobernando cambiamos
nuestra dimensión.

Reconexión con
presidentas mujeres:
es la votación.

Lizbeth del Rosario Vazquez Cruz
México

REVOLUCIÓN

Retazos de mí
regresan asustados
afuera lloran.

Ellos tiritan
están en las ventanas
moribundos van.

Vienen cansados
vagan buscando casa
necesitados.

Oigo su grito
cantos de guerra vuelan
llantos de casa.

Luchan por salir
temiendo no volver, van
vuelan sin volver.

Un aquelarre
se forma sin olvido
luchan con miedo.

Cruce de versos
caen y son recuerdos
caen con frío.

Incontenibles
y ellas gritan todo
aunque las callen.

Oigo sus himnos
santa iconoclasia
es madre nuestra.

Nuestra casa arde.
Con gloria, con nuestra voz
restos de mí.

Raúl Castillo Soto
Estados Unidos

PEDESTAL

Pero esta sombra
no es igual a las otras.
Esta me invade.

Esta es coqueta
intenta devorarme
desde esos ojos.

Desesperada
llena de cerrazón
y el beso frío.

Enajenada
donde perversa juega
sorda al reclamo.

Se alza a mis pies
me estruja con las horas
imitándome.

Tranquilamente
me subo al pedestal
de pardas hojas.

Añoro el vals
de su vientre y mis labios
acompasado.

Lento pervierte
a aquel pájaro azul
ensombrecido.

Silvia Gallardo Sánchez
México

BESO

Busco el respiro
en tus labios callados
aire y vida.

Estoy muriendo
por la dulce caricia
que me alimenta.

Sólo tus labios
calmarían esta sed
que me atormenta.

Ósculo santo
en tu lecho de muerte
adiós eterno.

Gabriela Ladrón de Guevara de León
México

ESCRITORA

Expresa recto
valiente luz intensa
palabra fina.

Susurra pliego
regala mundos vivos
sueños plasmados.

Cautiva luces
historias de intelecto
nuevos momentos.

Rosa reflejo
dibuja entre conceptos
rotos suspiros.

Isla con versos
inspirada y autónoma
luces consigue.

Tinta sobre hojas
traza sueños sonoros
tesoro en letras.

Olas palpitan
navega con palabras
mares de ideas.

Risueña sigue
conforma fiel su mundo
personal cosmos.

Alma que plasma
mujer segura y plena
cumple sus metas.

María Victoria Arce Montoya
Estados Unidos / Colombia

AIRE

Amo la brisa
que acaricia mi piel
con sutileza.

Inquieta juega
enreda mi cabello
lo arremolina.

Refresca mi alma
energía vital
lento vaivén.

Emula al viento
que sin querer arranca
versos de miel.

Luisa Betancur Vásquez
Colombia

TRISTEZA

Tintas amargas
penalizan llovizna
en el frío abril.

Resuenan tontos
recuerdos en la basta
y callada voz.

Inútilmente
se funden nuestras ganas
en cajas negras...

Sepultan ecos.
Consuelos oxidados
en melancolía...

Tonos ligeros
escandalizan penas;
penas amargas.

Entre las sombras
entre duros escombros
entre la nada...

Zonas ásperas
cicatrizan las almas
las almas grises...

Anhelos mudos
saborean pesares
quedan perplejos...

Jorge Eduardo Padula Perkins
Argentina

ESCUELA

Enseña y guía.
Saberes y experiencias
letras y ciencias.

Siempre en sus aulas
palabras de maestros
lugar de encuentros.

Conciencia plena
en los aprendizajes
—útiles viajes—.

Unidos todos
maestros y estudiantes
en cada clase.

Espacio neto
de la pedagogía
día tras día.

Logros y esperas;
proceso de enseñanza
ritmo y constancia.

Ambiente apto
didáctica aplicada
rumbo y llegada.

Evelyn Ortiz Avilés

Puerto Rico

EL VACILÓN

Emocionada
me encuentro soñando
con el vacilón.

La gracia forma
una cara feliz con
una sonrisa.

Va marcando la
alegría que llevo en
el pensamiento.

A veces creo
que la vida es así
puro vacilón.

Con mi reacción
sólo me doy cuenta que
es la ilusión.

Inmemorables
momentos los vividos
con gran diversión.

Late que late
sabe a chocolate
apetecible.

Oportuna es
la ocasión que llega
para celebrar.

Nuevos encuentros
en los espacios libres
para vacilar.

Alvin Alejandro Ortiz
Puerto Rico

CAREY

Con tu elegancia
ni Zeus navegó tan bien
a costa Leda.

A la galaxia
en espiral, parece
tu inmortal viaje.

Recorriendo mar
aves y tiburones
vas educando.

En esta costa
más de seis siglos hace
te veo nadando.

Y vuelves aquí
a comer y desovar
en tierra ancestral.

Luis Santiago Náter
Puerto Rico

ME HAGO NOTAR

Mostré proezas
pude lograr el oro
y los aplausos.

Estuve oculto
repleto de vacío
de podredumbre.

Hacerme un todo
cuando todos son nadie
y se lo viven.

A lo cósmico
suplico por los golpes
de caballero.

Ganar es droga
una que no se vende
presta o alquila.

Oí mis gritos
creyéndome vikingo
para leyenda.

Notar presencia
flor que debieron darme
en el Tártaro.

¿O soy la sombra
de una silueta vaga
nula de cuerpo?

Trato lo mejor
trato de mover olas
mover grandezas.

Ay del maldito
al que duda del niño
y todo sueño.

Rogué y vencí
como agua contra aceite
alguien, por siempre...

Julio A. Núñez Meléndez
Estados Unidos

NATURALEZA

Nutre tu vida
recursos naturales
a las personas.

Animales hay
en ella y disfrutan
de sus recursos.

Tiene árboles
verdes y hermosos que
oxígeno dan.

Utilicemos
cuidemos su ambiente
todo momento.

Ríos y mares
encontraremos siempre
para disfrutar.

Agua, carbono
propiedades de ella
para vivir bien.

Lugar perfecto
disfrutar en familia
respirar puro.

Existen nubes
cielo y estrellas son
creados por Dios.

Zona, recursos
de montañas y valles
para explorar.

Amado suelo
de ricos minerales
que nos dan vida.

Silvia Margoth Ruiz Moreno
Guatemala

MIGRANTE

Migrante, dime
¿a dónde van tus pasos?
Ahora mismo.

Intentas andar
por lares diferentes
¡volar, a volar!

Grandes caminos
¡coletazo es vivir!
La vida misma.

Reproches te dan
al anhelar lo mejor
para tu hogar.

Anónima es
tu persona, ya lejos
de nada vale.

Ni un pedazo
de todo lo intentas
torcidos rumbos.

Terruño llano
buscas la prosperidad
¡la vida digna!

Enseñas, con tu
ejemplo, superarte
¡no denigrarte!

Alejandro Pes Casado
España

SOL

Sol que calientas
y das vida al planeta.
Verano y siega.

Ondas de la luz
que alimentan cosechas
de la semilla.

Luz que regresa
a la luz de la hierba.
Vida conectas.

María Patricia Fong Peñuñuri
México

NIÑOS

Nubes de algodón
suaves y delicados
recién nacidos.

Ingeniosos
juguetones, traviesos
ojos pícaros.

Ñoñez eventual
papalotes volando
dulces sonrisas.

Orgullo de los
padres amorosos y
comprometidos.

Sueños futuros
legado del mañana
niños del mundo.

Aníbal A. Delgado Núñez
Puerto Rico

SIGLEMA

Serenos versos
denotan habilidad
para transformar.

Ideas en mil
palabras para mostrar
hábil sensación.

Gozo de letras
5, 7, 5 en
fino poema.

Legado sutil
de un sagaz poema
en versos cortos.

Esperando que
muestre sutileza en
diestra construcción.

Mirada capaz
de lograr la atención
de un buen lector.

Alegrando su
vida en poesía
hermosos versos.

Carmen Serrano Bruno
Puerto Rico

ALBA

Abrir mis ojos
cada día al alba
me emociona.

Levantarme y
reconocer la dicha
de estar viva.

Besar la brisa
para entonar mi ser
con alegría.

Austera sigo
mi rutina a diario
para contarlo.

Fernando Barba Hermosillo
México

LLANTO

Llanura honda
llena y desbordante
luna menguante.

Lleno, vacío
telaraña quebrantos
desenredando.

Arranque ira
lleno sin contenido
desasosiego.

Negarlo ¿sirve?
Liberarlo si sientes
te estabiliza.

Terminar frágil
llorar no debilita
sí reconecta.

Ocaso visto
mirada limpia, clara
vacío seco.

Mariel Valenzuela Reynoso
México

INFANCIA

Imaginación
escenarios felices
fueron ayeres.

Noble corazón
con risas en los ecos
son habitantes.

Felicidad fue
gozar tanto de dulces
también piñatas.

Amor sincero
sin aún corromperse
faltó de maldad.

Nido seguro
con calidez de mamá
siendo refugio.

Carreras eran
jugando a ser grande
soñando mucho.

Isla mágica
castillos de sábanas
con tiempo nulo.

Años de fotos
recuerdos memorables
es la nostalgia.

Keniel Soto García
Puerto Rico

FIGURAS

Funesta verdad;
yuxtaposición afín
viendo martirios.

Iridiscente:
¿cuál exponente impar?
Son las raíces.

Guerra fraccional
¡sólido cual wolframio!
Son integrales.

Unánime es:
zarpa desde las vidas;
el universo.

Ratificando
bajo la constelación;
la cuadrícula.

Astro de ciencia:
Ipso facto valorad;
ergo, miradla.

Sapiencia vital
engatusando almas:
¡matemáticas!

Olga Lidya Sánchez
Estados Unidos

ESTOY

Estar feliz y
dar gracias a la vida
nos empodera.

Ser guiados por el
derecho propio que nos
han otorgado.

Todos estamos
creados por el amor
incondicional.

Oro todos los
días por el bien de
la humanidad.

Yo amo la luz
fuente que habita en
todo humano.

Mario González Gómez
México

LA ISLA DEL ENCANTO

La isla bella
llamada del Encanto
es una estrella.

Ante su manto
el ser se tranquiliza
ya no hay quebranto.

Inmoviliza
contemplar su belleza
y todo es risa.

Sin la tibieza
de temor infundado
sino entereza.

Lo bien hallado
al espíritu alegra
cuando ha gozado.

A quien se integra
no puede amedrentarle
la noche negra.

Dios supo darle
función de paraíso
sin abrumarle.

Es como hechizo
por parecerle bueno
porqué lo hizo.

La vida en pleno
nos enseñó a vivirla
siendo serenos.

El conseguirla
ha sido recompensa
que no se birla.

Notable, inmensa
la suerte bendecida
si así se piensa.

Con tal medida
la esperanza, de hecho
será encendida.

Al satisfecho
no envanezca su suerte
fue su derecho.

Nadie el mal vierte
al ser del bien objeto
no será inerte.

Tendrá completo
y más que suficiente
todo portento.

Oronda frente
sintiendo merecida
divina fuente.

Carlos de la Cruz Suárez
México

JAGUAR

¡Júrame sombra!
Mandíbula al acecho
que eres: la noche.

(Alma indomable
espíritu de jungla
rugir noctívago).

Guardián del eco
nombra el vivo silencio
de la existencia...

Unge con fuego
(el de tus ojos luz)
la madreselva.

Aguarda el paso
y la piel de la tierra
en el rugido.

Rasga los años
juega con la luz noche
en la hojarasca.

Baltazar Cordero Tamez
México

MADRE

Mira la estrella
que mis ojos ya no ven
es tu recinto.

Allá donde estás
siempre protegiéndonos
va mi plegaria.

Destino fugaz
para mi trayectoria
triste fue el adiós.

Rompen mi alma
tus abrazos ausentes
junto a mi pecho.

Espero siempre
como fue la promesa:
volver a verte.

Jefte José Mejía González
Venezuela

LIBERTAD

La extrañamos
no te he olvidado
te anhelamos.

Increíblemente
te han ejecutado
eliminado.

Busco libertad
busco en el presente
estás ausente.

Es realidad
existir sin libertad
así gritaré.

Risas alegres
dictadura caerás
el día llegará.

Te clamaban hoy
ayer no te buscaban
no importabas.

Antes existías
hoy estás en agonía
mueres día a día.

Dominados, sí
oprimidos de verdad
derrotados, NO.

Enmanuel III Colmenares Arandia
Venezuela

QUIERO SER AGUA

Quiero ser agua
lluvia que baja para
calmar la tierra.

Unas lágrimas
germinan de mis ojos
y curan dolor.

Insisto en ser
el río que desciende
desde la altura.

Entonces creo
que mi cuerpo es líquido
no siente miedo.

Revuelco chorro
me arrastro de amor hasta
vencer las piedras.

Orar es agua
agua es nuestra senda
natural al mar.

Ser agua como
llanto que superó un
amor incierto.

Es cierto que ser
agua es fragilidad
también firmeza.

Razón corazón
tener que ser rocío
besar sus labios.

Agua quiero ser
calmar mi sed dentro de
labor torrente.

Ganar es amar
es convertir el barro
en agua clara.

Unas olas se
serenan con nosotros
suplican sudor.

Algunas aguas
tranquilizan mis penas
concretan cielo.

Miguel Ángel Real
Francia

VINO

Ventana al sur
caricia de pasados
paciencia densa.

Imaginando
el paladar es viento
de despertares.

Núcleo de tiempo
esfuerzo dibujado
en cada sorbo.

Orilla y viaje
travesía en un aire
que ha hecho sueño.

Willan Castillo Briceño
Perú

INTERNET

Interconexión
de las personas en red.
Todos con señal.

Noticias, hechos...
Tiempo real, en vivos
a nivel mundial.

Todos activos
es una necesidad
de la sociedad.

Era digital;
los reyes del YouTube
son actualidad.

Redes sociales
antisociales, *web* de
la adicción.

Nuevas pantallas
rostros virtuales, hombres
de hologramas.

Entra en la red
el ciberespacio te
tiene de rehén.

Tecnologías
que sobrepasan nuestra
imaginación.

—

Susana Illera Martínez
Estados Unidos

TANGOLUNDA

Todas las noches
entre hechizos de luna
mujer bonita.

Amas despacio
bajo la luz profunda
mi *tangolunda*.

Nido de agua
y rumores salados
mujer bonita.

Golpes de espuma
como risa mística
mi *tangolunda*.

Olas que abrazan
tu piel de aroma puro
mujer bonita.

Locos y cuerdos
han jurado encuentros
mi *tangolunda*.

Una leyenda
de sirenas y cantos
mujer bonita.

No tienes dueño.
Tu hogar es océano.
Mi *tangolunda*.

Delirio febril
como un espejismo
mujer bonita.

Amante blanca.
Mujer, cara bonita
mi *tangolunda*.

Tania Mauri Macareño
Perú / Venezuela

VERDAD

Velo que cubrió
un perdón sin condición
dolosa dicha.

Evade verdad
tú, disfraz sin vergüenza
tú, engaño cruel.

Repites, calas
mientes, escondes, callas.
Vacío y dolor.

Dices que amas
prometes cambiar todo
vuelves y pegas.

Amante falso
traidor de golpe bajo
pobre destino.

Déjame vivir
lejos de tu mentira
devuelve mi luz.

Ambar Marrero Pérez
Puerto Rico

LAS HORAS SE VAN

Luces tímidas
sigiloso peligro
tan disfrazado.

Amargo beso
libertad secuestrada
con rojo dolor.

Sucia, culpable
pienso en lo que me dirán
tiemblo cansada.

Huye aquella paz
corazón cristalino
lucha, se rompe.

Ojos tan muertos
traición inesperada
del viejo amigo.

Rompes mi piel
hasta no reconocer
mi carne viva.

Amor huérfano
la peor pesadilla
hierve mi sangre.

Sumergido en mí
pierdo la inocencia
qué noche fría.

Si no pararás
ya tápame los ojos
no te quiero ver.

Escucho aún, cruel
descuezas mis entrañas
fuerte, sin rencor.

Ven, vacíame
si ya me quitas todo
nada cambiará.

Agudo grito
ignorado por ellos
fuerza celestial.

No me encuentro
¿soy yo en el reflejo?
Miente el espejo.

Patricia Elena Vilas
Argentina

REFUGIO

Ríe tu alma
ilumina tu mente
príncipe negro.

Eres sosiego
amor y fantasía
príncipe negro.

Fui un pájaro
volando al desierto
alma perdida.

Una ilusión
plasmada en el cielo
voló hacia ti.

Gris tu mirada
todo es fantasía
amores en flor.

Iré muriendo
apasionado amor
aventurero.

Oda al alma
perdida me refugié
príncipe negro.

Eugenia Toledo Renner
Estados Unidos / Chile

TARDE

Tarde amiga
me invitas a soñar
cierro mis ojos.

Amo tu calma
rocío de mil perlas
azul paragua.

Riegan tus dedos
ventana cristalina
brillan las gotas.

Deslumbrante luz
prende las regiones de
secreto jardín.

Escondida flor
doce verdes espinas
cuajada rosa.

María Calixta Ortiz
Puerto Rico

JERGA

Jubilosas van
lúdicas las palabras
con identidad.

En el linaje
de personas afines
te entenderán.

Ruda puedes ser
inaccesible también
es jeringonza.

Gula del hablar
del secreto coloquial
que nos distingue.

Argot natural
encubierta por demás
jerga especial.

Carlos Arias Villegas
Colombia

SIGLEMA

Siempre, poeta
lucha contra el horror
y el desamor.

Itera versos
que rescaten la niñez
de la estupidez.

Gana sus almas
para la luz y el amor
en su inocencia.

Libéralas hoy
de toda servidumbre
vil del mercado.

Enhebra su alma
al alma de los dioses
y despiértalos.

Mucho más recién
cuando la noche torna
oscura, abismal.

Ay, todavía
queda una esperanza azul
de hacerlos vida.

Alejandro Espinoza Arancibia
Chile

OCÉANO

¿Oculta el narval
la misteriosa canción
de las ballenas?

¿Cómo tejerán
los tristes pescadores
la persistencia?

¿El océano
es más salado cuando
lloran sirenas?

¿Acaso la ola
presume un velo blanco
en la ribera?

¿Nadie conoce
los huidizos caminos
de los navíos?

¿Olvida el faro
que es eterna esperanza
para el marino?

Alejandro Espinoza Arancibia
Chile

COTIDIANO

Cuando amanece
un susurro, un beso
labios de café.

Otras palabras
muy serias y no tanto
labios de carmín.

Tiempo de espera
llamada inoportuna
labios de ausencia.

Ideas de sal
tedioso mediodía
labios de arroz.

Día redondo
destino de un anillo
labios de argolla.

Ingrato arrebol
trabajo sofocante
labios de tedio.

Apurado gong
zapatillas aladas
labios de senda.

Nuevos abrazos
con siempre y con ahora
labios de besos.

Ocasión de luz
rutina de alegría
labios de amor.

Stefani García
Venezuela

ORIÓN

Onda sublime
espadachín del cielo
cinturón de luz.

Reyes te nombran
cazador mitológico
águila real.

Incomparable
camina sobre agua
fuerte eres.

Obsequio de amor
ennoblece mi vida
paz me transmites.

Náufrago era
hasta tu nacimiento
a nirvana voy.

Yuleisy Cruz Lezcano
Italia

PAZ

Piensa en la paz
se ve en la sonrisa
del niño chico.

Abre los ojos
como el niño que juega
para alcanzarla.

Zona que brilla
palabra que espera
es una gracia.

Águeda Molina López
España

MI VIDA SIN TI

Memoria viva;
atemporal y lúcido
olor a ti.

Irrefrenable
en tus aguas calmadas
rema mi mente.

Vívidas luces
alumbran el camino
que el tiempo traza.

Izo la enseña
de un amor que recorre
años y vidas.

Doblo la esquina
y en un rincón oscuro
tu esencia noto.

¡Alma anhelada
que en suspiros nocturnos
te manifiestas!

Sonrío a solas
y a solas me consuelo
en mis delirios.

Intensamente
mi pellejo te añora
y te recrea.

Nada es lo mismo
pero mis huesos saben
a sentimiento.

¡Tanta dulzura
desprende tu recuerdo
que me trastoca!

Inmensa dicha
de un amor que se crece
tras tu partida.

Edwin Gaona Salinas
Ecuador

ESTATUA SOLITARIA

Está la plaza
con sus noches eternas
para domarla.

Sola la luna
se esconde entre las nubes
y el mármol llora.

Tiende la bruma
escarchas en la gesta
y las olvida.

A veces llegan
los ladrones del barrio
para robarla.

Todos, a veces
para exaltar su cobre
y el paso triste.

Una y mil veces
revuelan los poetas
con versos nuevos.

Al mismo tiempo
escondidos cleptómanos
entregan rosas.

Solos también
llegan himnos desnudos
con patria al viento.

Orbita el alma
muerde la historia virgen
y corre el día.

Los ecos duermen
otra vez soledad
con todos fuera.

Ilusos tiempos
desgastan el metal
con aves negras.

Tiembla la tierra
hierve el sol, nace el vino
la aurora muere.

Ataca el moho
después de tantos años
y va el milagro.

Ríe la burla
con el más solitario
turpial del monte.

Infamias gimen...
La depresión le llama
para ir suicida...

Ahí... resulta
el hierro y le recuerda:
que vive muerta.

Aída López Sosa
México

DULCINEA

¿Dónde habita ella?
En un campo de flores
entre sandías.

Única y bella
al Hidalgo seducen
soleados ojos.

La Mancha tiene
belleza sobrehumana
incomparable.

Camina Sancho
Rocinante galopa
sueña el Quijote.

Inteligente
la dama de El Toboso
modestia esconde.

Nadie como ella
inspira fantasías
del caballero.

El coral puso
el color de sus labios
siempre callados.

Amor posible
en la imaginación
y en los poemas.

Gabriela Cárdenas
Ecuador

Y... ¡AL MAR SE HIZO!

Yo la vi tarde.
Mustia, llevaba cada
lucha consigo.

Arreglada por
fuera. Y, en el alma
un gran vacío.

La llamé, quise
ayudarla, ella se
fue sin decirlo.

¿Mantenía la
esperanza? O solo
cargaba trinos.

Anduve una
vida, siguiéndola al
mar, su destino.

Reía triste
viendo perder su sombra
en el camino.

Supe entonces
cuánto añoraba al
mar, su amigo.

Ese que grande
la acompañó en su
peor delirio.

Haciendo olas
llevando espuma... y
sal, ¡reprimido!

Inquietos los dos
se parecían tanto
¡eran olvido!

Zambulléndose
sin más, se fusionaron
¡dolor partido!

Olas, delirios.
Ella solo entró, y...
¡Al mar se hizo!

Graciela Vargas
Uruguay

INCOMPATIBILIDAD

Incoherentes
dispares con el reloj
el tiempo marca.

No señala fin
solo minutos marca
devora el tiempo.

Con una prisa
insensible su avance
en su frenesí.

Olas del tiempo
con su ruidoso tic-tac
pretende marcar.

Mira el futuro
caníbal tan fortuito
de felicidad.

Primera fase
descuenta impasible
roba momentos.

Avanza sin fin
acelerado, frío
sin las cadenas.

Tirita Cronos
descuenta mis momentos
acelerados.

Impertérrito
detrae felicidad
y mi juventud.

Basa su prisa
descuenta los momentos
es insensato.

Isa números
en bandera tan dispar
está sujeto.

Lidera ciclos
descuentos en mi vida
es diferencia.

Inmerso sin fin
necesito mis alas
son mi libertad.

De las poesías
extienden las fronteras
me hacen libre.

Aladas,fuertes
traspasan las barreras
de la utopía.

Dispares somos
el reloj y mi tiempo
cárcel y vida.

Néstor Quadri
Argentina

EN LA CIUDAD

Emerge el sol
y en ciudad se disipan
algunas nieblas.

Naciendo el día
se posan en la calle
aves en cables.

La señal verde
despide luminosa
a ansiosos coches.

Allá en el parque
el prócer hace guardia
espada en mano.

Cita en el bar
primero una sonrisa
y luego un beso.

Incita a ver
collares en vereda
un artesano.

Una vidriera
atrae a los curiosos
con sus ofertas.

Dos de la tarde
y el vendedor de diarios
levanta el puesto.

Avanzan sombras
encendiendo farolas
en una plaza.

De noche cenan
ruidosos comensales
en restaurantes.

Luccia Reverón
Puerto Rico

LÁTIGO

Los fuetes usas
instrumento cobarde
para los pobres.

Arremetiste
contra los que se quejan
para callarlos.

Temor produces
al verte todos rezan
imploran hoy.

Imagen triste
latigazos en cuerpos
pura crueldad.

Gargantas secas.
Llanto, pieles maltrechas
ya no hay clemencia.

Ochenta golpes
el angustiado sufre
mucho dolor.

Domingo Hernández Varona
Estados Unidos

TIERRA

Tierra, evoco
tu nombre en silencio
madre nutricia.

Isla sagrada
navegante en el mar
de las Antillas.

Enérgica es
tu gente candorosa
que ríe, baila.

Recuerdo siempre
la savia de tu tronco:
luces prendidas.

Rechazo al vil
que vende tu imagen
perjurio servil.

Antes yo muerto
tierra de mis anhelos
verte hollada...

Claudio Sanseverino
Argentina

VIVALDI

Violín y vuelo.
Corazón veneciano
y el pelo rojo.

Incandescentes
las almas desalmadas
pueblan su orquesta.

Viaja en el agua
su góndola de acordes
resucitantes.

Aún no nacieron
ni Mendelssohn ni Franck
para alabarlo.

Las estaciones
del tiempo en su lira
lo eternizaron.

Dice el querube:
"El gloria de Vivaldi
lo canta el cielo".

Iglesia dura
escucha mucho a Bach
y poco al cura.

Noel León Rodríguez
Cuba

FLORES

Flor por amores
al jardín de la vida
relampaguean.

Luceros pasan
y entre corolas visten
de madreselvas.

Otoño deja
su desconsuelo manto
sobre la tierra.

Rojas florestas
perfuman el paisaje
de la alegría.

Embarazadas
rosas, de amaneceres
se balancean.

Sobre la cresta
de la montaña verde
del horizonte.

María Pedraza
Estados Unidos / Puerto Rico

MI PAPÁ

Mi padre murió
en el mes de noviembre
qué gran tristeza.

Intenso dolor
destrozó mi corazón.
Señor mío ¿por qué?

¡Por amor a Dios!
Día de Acción de Gracias
su preferido.

Amaneciendo
él preparaba todo
pavo y pernil.

Para celebrar
siempre con gran alegría
y todo cambió.

Al son de gritos
terminó aquel día
mi papá murió.

Andrea Pereira
Uruguay

HOMBRE SIN PALABRAS

Hombre silencio
hombre que sin palabras
desnudas almas.

Oigo tus sueños
y yo los puedo cumplir
callas sed de mí.

Manos de fuego
ósculos y secretos
quemas sin decir.

Besas mis frutas
y sin decirme nada
me tienes a mí.

Ruego callada
tu aliento maldito
más quiero de ti.

Enredada yo
en tu enigmático
placer callado.

Sin palabras, sin
hombre sin palabras, sin
misterioso ser.

Íntegra estoy
yo entregada a ti
sin decir sí o no.

No sé qué pensar
solo gimo y siento
sonríes y ya.

Pido sin hablar
diciendo a tu cuerpo
siempre quiero más.

Amigo eres.
¡Ay, mi piel! ¡Ay, mi sangre!
Tienes mis huesos.

La sensualidad
que no crees que tienes
me aliena más...

Aguas que bebes
de mis pechos dormidos
despiertan sin más.

Blancas mis manos
tu cuerpo de amante
disfrutan de ti.

Rogándote yo
que cubras mi cuerpo
con tu piel febril.

¡Ay, tu voz! Lo es
que callada me quema
y pido por ti.

Si ese eres
hombre sin palabras, tú
susurras un sí...

Iván Parro Fernández
España

POESÍA ES VIDA

Palabras libres.
Un corazón soñador
con las estrellas.

Olvidé sentir
el latido del tiempo
en mis entrañas.

Estando feliz
compuse un poema
con cinco versos.

Saber la verdad
entre sombras oscuras
para ser libres.

Islas perdidas
entre versos y sueños
aún por descubrir.

Amar las letras
abriendo los tesoros
de la eternidad.

Escuchar ruidos
para salvar la vida.
Vencer los miedos.

Sentir el mundo
en total movimiento
haciendo versos.

Vivir unidos
a pesar de fronteras
y de colores.

Ideas fuertes
para cambiar el mundo
con la poesía.

Daré mi vida
en eterna ofrenda
por la libertad.

Amar es creer
que todo es posible
y que llegará.

Ely G. Cruz
Puerto Rico

RIMA

Rasgo del tropo
que adorna la poesía
musicalidad.

Inmaculados
los brazos que te cargan
y te sostienen.

Mágica tú
que al repetir sonidos
logras cadencia.

Alma del verso.
Ritmo y repetición.
¡Eres canción!

Victoria Riquelme
Chile

MICELIO

Micelio vivo
ramificaciones en
hifas ocultas.

Intercambias los
nutrientes en la tierra
fibras del bosque.

Comestibles muy
poco, señor sombrero
hongo melena.

Elíxir santo
sostienes la cabeza
alucinante.

Lámina blanca
pañoleta de seda
cuello de seta.

Incomprendido
hongo de rayo fuego
león protector.

Otros lugares
creces tierra húmeda
champiñón dócil.

Enver Bazante
Ecuador

DÚO

Di que recuerdas
iniciar nuestras vidas
feliz empezó.

Un son de amores
en nuestros corazones
nos enamoró.

Observé oasis
amor libre de crisis
la piel dibujó.

Juan Pedro Hernández Osuna
México

LOS AMIGOS

Llegaron solos
partieron en racimo
tristeza, dolor.

Oscurecen la
simpleza de la vida
abatiéndome.

Se acumula
al interior llanto y
desesperanza.

Alma sin vida
corazón sin latido
acusan dolor.

Miseria que se
apodera del tiempo
vertido ahí.

Impedido de
llamarles, sin sus voces
silencio sin par.

Generando la
gloria a ellos toda
nada terrenal.

Olor vacío
porque se ha quedado
sin las palabras.

Soledad para
mí, Dios mío, solo estoy
sin los amigos.

Rita Sequeira
México

ESPARCIMIENTO

Es mi viaje
yo decido a dónde
experimentar.

Sensación pura
increíble empezar
empoderada.

Puedo, puedo
progresión de ideas
contracorriente.

Aferrándome
adversidades llegan
las dejo pasar.

Reto genial
aprender y cambiar
ser original.

Conocimientos
meditación, actuar
ser transparente.

Intenso color
contemplo energía
liberación.

Mente, realidad
pasos sencillos, acción
informáticos.

Instalación
capacidad innata
memorizando.

Entre miradas
analizo, actúo
cierro vacío.

Nadando fuerte
hacia nuevo destino
automático.

Tú decides ser
brevedad o caudal
nueva versión.

Otrora vida
construcción plena, sabia
bienestar real.

Isabel Furini
Brasil

CÓNDOR

Con admiración
observamos al cóndor
esa bella ave.

Océanicos
son sus profundos ojos
cargados de luz.

Nunca renuncia
al aliento de vida.
Adora volar.

Después de soñar
vuela alto, muy alto
así es feliz.

Ostenta fuerza
y su poder de volar.
Tiene dignidad.

¡Rey de los cielos!
¡Señor de las montañas!
Augusto cóndor.

Brisa Isaac Flores Cabrera
México

SOBREVIVÍ

Soy más que dolor
aunque parezca que no
aún existo.

Oscurecía
mis lágrimas sobre ti
al verte morir.

Bien era niña
que aún necesitaba
tu grande sentir.

Reía siempre
sin llegar a pensar que
me dejarías.

Echo de menos
tus muy gratos abrazos
llenos de amor.

Vivo mi dolor
queriendo poder morir
pero es fatal.

Inesperado
aún estoy con vida
sin poder seguir.

Volveré por ti
hay sueños por las metas
que debo cumplir.

Insuperable
soy tu nieta con ganas
de verte a ti.

Marcela Beatriz Viotti
Argentina

LA CRUELDAD

Los bombardeos
ante población civil
como castigos.

Acto criminal
desprovisto de piedad:
inhumanidad.

Crimen de guerra
es el bloqueo atroz
sin asistencia.

Repetir muerte
por venganza, sin poder
compadecerse.

Un genocidio
despiadado en ciernes
a cielo pleno.

Entierros diarios:
bajo escombros yacen
sueños truncados.

La pregunta es:
¿asesinando almas
se tiene poder?

Derecho vital
que es arrebatado
de forma fatal.

Abominable
maquinaria bélica
escupe sangre.

¿Dónde ocultan
los que ordenan matar
su impunidad?

Marisandra Capobianco
Italia

VIEJO

Viejo te sientes
porque no tienes sueños
por realizar.

Ibas en busca
de oportunidades.
Te embarcaste.

Encontraste un
país maravilloso
con gente buena.

Juntaste lo que
podías para volver
sin mirar atrás.

Oigo lamentos.
Añoras Venezuela.
Te acurrucas.

Rosario Díaz Ramírez
Perú

MADRE MÍA

Mar de corales
eres tú fortaleza
cada mañana.

Amor me brindas
cada día de mi vida
de tu corazón.

Das esperanzas
en las penas y dolor
abrazas fuerte.

Río de recuerdos
cada tarde del año
sol primavera.

Estela de luz
paz, alma de la bondad
canta colibrí.

Música lira
enternece la noche
arrulla alma.

Ímpetu vibra
el espíritu de Dios
sopla tu nombre.

Alfa de la luz
irradias a tu paso
siempre ternura.

María Antonieta Elvira Valdés
España

ALMA LLANERA

Amanece con
olor a hogar, café
colado y pan.

Llano extenso
tricolor que despierta
cielos y tierra.

Música mansa
cuatro y arpa que al
ordeño gusta.

Aves que danzan
festival de acordes
modesta dicha.

Libre el palmar
susurra con la brisa
cómplice yunta.

Latidos vibran
en los arroyos: gracia
sustento y paz.

Aire de patria
gratitud que cuenta un
reloj sin prisas.

Noches en vela
lejos del llano lloro
calla la luna.

Entre las fauces
del asfalto faltas y
me sobran prisas.

Rutas y huellas
en el alma te llevo
siempre, despacio.

Amanece con
sabor a recuerdo, ¡yo
no te olvido!

Elizabeth Marcano López

Venezuela

PAZ

Pensamientos que
martillan, actúas con
vehemencia ¡shhh!

A callar todos
fuera de mi morada
no te permito.

Zigzaguean en
mi oleaje ¿podré
encontrarte hoy?

Alicia Marlene Ríos Pérez
Cuba

MARIPOSA

Mueve el traje
irrumpe en el aire
un eco al fin.

Abre sus alas
despierta en los sueños
ganas de volar.

Rosa abierta
que cobija insecto
nutre el alma.

Iconografías
grabados de poetas
auroras tenues.

Pasando días
alimenta de hojas
cierra la ninfa.

Olvidarse, ha
la soledad, la gula
tiempo de andar.

Si se despierta
saborea el dulce
la crisálida.

Abrirá alas
y partirá eterna
la mariposa.

María Isabel Ford Cuello
Uruguay

AMÉRICA

Ama su gente
extranjeros y propios;
todos por igual.

Montañas, cerros
ríos y rica tierra
hay que cuidarla.

Época linda
para los inmigrantes
buscando la paz.

Ricas raíces
dejaron los abuelos
para sus nietos.

Inigualable
es amable su gente
brindan cariño.

Con amor puro
al que llega o se va
siempre alegre.

América, sos
de brazos bien abiertos
que nos arropa.

Nicole Foldi Martínez
Puerto Rico

ECOANSIEDAD

Extinciones por
montones, ya el calor
caza los seres.

Conciencia, ¡ay! Me
quemas como los fuegos
inapagables.

¿Opacarán los
cielos nuestras humeras
avariciosas?

¿Acaso será
posible evitar el
magno desastre?

No quiero morir
por la sed o por viento
huracanado.

Sueño no volver
a escuchar la súplica
del ahogado.

¿Intuir? No, yo sé.
He visto los números
y ya no duermo.

Escribo versos.
¿Provocaré con ellos
un cambio nuevo?

Daría todo.
Quiero equivocarme.
Ojalá que sí.

Alma angustiosa
quiere salir del cuerpo
morar muy lejos.

Dios, tú sálvame.
Vivir llena de nervios
es vivir menos.

María del Refugio Sandoval Olivas
México

PAZ

Paz en el mundo
mediación, avenencia
visión profunda.

¡Alto a las guerras!
Que fluya la armonía
persigue sueños.

Zurce rupturas
remienda corazones
¡brinda ilusiones!

Gisele Rodríguez Vázquez
Puerto Rico

SILENCIO

Silente calma
modulando las voces
de mis anhelos.

Invades mi ser
alterando memorias
de mi pasado.

Lamento sutil
de coros armónicos
sin sinfonías.

Enigmático
resurges en mis gritos
hasta aplacarlos.

Noción perdida
provocándome olvidos
que están latentes.

Cámara fugaz
capturando imágenes
hechas de sombras.

Intensamente
aplacas los murmullos
de mis ensueños.

Ocaso mío
desnúdame pasiones
que me liberen.

Begoña Osés Aguirre
Chile

DESAMOR OTOÑAL

Desde la cuna
la criatura llora
nadie la escucha.

Es su destino
anhelar amor vacuo
nunca hay respuesta.

Sigue en la lucha
no da tregua la vida
se agota a veces.

Amor valiente
se lanza al precipicio
nadie la acoge.

Muere de a poco
la fortaleza acaba
ella no ceja.

Ora en silencio
súplicas al vacío
ausencia seca.

Rara vez llora
se secaron las cuencas
nadie lo nota.

Otoño llega
malherido su cuerpo
se debilita.

Tantos naufragios
el desaliento gana
de pena enferma.

Otra vez muerte
arremete, se excede
puro abandono.

Ñeque le sobra
así emerge en la vida
melancolía.

Atrae penas
la alegría la esquiva
no lo merece.

Lava su cuerpo
testigo permanente
su vida agota.

Orlando Fernández
Estados Unidos

CIELO

Canto al cielo
la parodia del amor
junto a su estrado.

Ilusión diurna
que despierta mi fervor
del peregrino.

Enardecido
aclamo la fantasía
del delirante.

Lugar sagrado
que declaman las voces
del infinito.

Oigo su clamor
como vértice imperial
del universo.

Ariel Santiago Bermúdez
Puerto Rico

MÚSICA

Muevo los dedos
hacia las viejas notas
del pentagrama.

Únicamente
escucho los sonidos
de apoyaturas.

Sólo es un tono
que descubre armonía
en el acorde.

Intensa gama
de cada partitura
en concordancia.

Clave de letras.
Cadencia de solfeo
en melodía.

Altura, timbre
mueca de consonancia
en el concierto.

Guillermo Ortiz Acevedo
Puerto Rico

PINTO

Pienso y hago raya
marcando el horizonte
del cielo y del mar.

Inclino y miro
ese panorama hostil
el cual anduve.

Nunca he olvidado
mis metas y los míos.
Sellado vivo.

Trazo a la fuerza
el futuro estancado
sin ningún pincel.

Observo todo
el paisaje que rompe
desde mi mente.

Cristina Godoy Martínez
Estados Unidos

ARTE

Abstracto bello
que si te interpretan
único serás.

Resplandeciendo
con luz y sentimientos
vida tomarás.

Tienes magia
nos harás compañía
en la soledad.

Eres silencio
y a la vez nos hablas
tu voz es color.

Daniela Rosales Medina
México

MÉXICO

Madres que buscan
a sus hijos perdidos
entre la tierra.

Éxito vano
de gobiernos corruptos
y mentirosos.

Xalapa, Tula
Uruapan o Colima:
urbes atroces.

Intolerancia
ante los ciudadanos
desobedientes.

Crímenes diarios
empañan la justicia
que no sanciona.

Oh, patria, sufres
y no puedo salvarte
¡soy tu cautiva!

Sara Sánchez García
España

AURA

Apariencia que
aunque es intangible
se puede sentir.

Uniendo almas
imprimando todo ser
y tintándolas.

Radiante brillo
que irradia su calor...
Dulce posesión.

Aire, se dijo
más bien, la suave brisa
rodea tu ser.

Noemí Rubiano
Argentina

MUJER

Madre de sueños
admirable, sincera
loable ser.

Una ilusión
llevas naturalmente
en tu interior.

Juntas tus manos
por honestos deseos
a cada instante.

Encantadora
columna vertebral
de la familia.

Raíz acorde
de actitud luchadora
base ancestral.

Irmarelis Ortiz Vázquez
Puerto Rico

ABUELO

Atardeceres
cielo arrebolado
nueve décadas.

Bello, humilde
me llena de orgullo
tu pelo blanco.

Un caminante
con vasta experiencia
mi roble firme.

Entronque vital
hijos, nietos, bisnietos
ramas y flores.

La ataraxia
virtud que sostienes con
sabiduría.

Ósculo tierno
en tu rostro con surcos
noble sonrisa.

Milagros Rivera Otero
Puerto Rico

SOY

Sí. Estoy sin paz
llorando mi fracaso
en el silencio.

Obscuro sueño
en la trinchera mustia
de la alcoba.

Y respiro con
Dios en la calle ancha
de mi camino.

Sergio Guevara González
Nicaragua

SED

Seamos hoy
cuerpo mío, encuentro
ante esta búsqueda.

Espera sed
aún falta evocar miedo
sobre esta herida.

Déjame sueñe
con abrazar la lluvia
que nunca ha sido.

Jesús Rivero
Venezuela

INDELEBLE

Imprescindible
como el viento que viaja
entre palmeras.

Nostalgia errante
con triste melodía
sobre la bruma.

Divina luz
del saber, que no borro
de mi memoria.

Ejemplo vivo
tomado de un legado
sensacional.

Literalmente
voluntad en papel.
Un testamento.

Estilo, voz
calidad y buen gusto
en frenesí.

Barco, navío
que surca por las olas
en plenitud.

Luna de noche
rodeada de perfumes
en un eclipse.

Eco de árboles
al suspirar. Silencio
en el otoño.

Marisol Pontón Martínez
Puerto Rico

SOL DE VERANO

Sol de verano
ardiente e inquietante
¡incandescente!

Olvidé el ayer
y desde esta ventana
guardo la calma.

Lo inaccesible
difícil de conseguir
es complicado.

Desde hace tiempo
todo parece ajeno
fuera de control.

Es imposible
olvidar nuestra vida
con libertades.

Vigilanteando
estoy de un lado al otro
buscando el mar.

¡Estupefacto
estoy y con deseos
de hacer el amor!

Rival de amores
añoro mis pasiones
sin cautiverio.

¡Acorralado...!
Sin poderme defender
me encuentro solo.

¡No siento miedo!
Tengo mis esperanzas
puestas en partir.

Opuesto al mejor
designio de las leyes
está: ¡el no cumplir!

Yuray Tolentino Hevia
Cuba

MADRE

Mírame madre
tengo lo mejor de ti
detrás del pecho.

Aun con coraza
el jardín de tus manos
regó semillas.

Dio ceibas, lirios
montañas y colinas
que me protegen.

Revivirte en mí
siendo quien soy: guerrera.
Avanza el grito.

Es evocarte
sin culto, con humildad.
Altar de mares.

Dorothée León Cadenillas
Alemania

ESPERAR

En el ritmo de
la vida cotidiana
un intervalo.

Se me revela
lo esencial en cada
pausa forzada.

Permanezco, pues
en la incertidumbre
siento libertad.

Espacio. Rompo
la rutina, veo a
dónde quiero ir.

Raro silencio.
Confío y doy forma
a mi futuro.

Adentro de mí
un pájaro soñador
abre sus alas.

Refugio. Todo
esperar es música
y poesía.

Ana Delgado Ramos
Puerto Rico

DE COLORES

Dios hizo el color
de azul pintó el cielo
verde el monte.

Escogió rojo
diseñando al amor
gris a la nube.

Colores creó
borrando el amarillo
nació la noche.

Oro al lujo
pintó blanca la verdad
negro al miedo.

La furia roja
la tristeza de gris
la duda negra.

Ojeando voy
colores que te digan
lo que hoy yo soy.

Rojo rabioso
a mis labios encienden
cuando sonrío.

Encendidos son
cautivantes a veces
lo disimulo.

Siete colores
destinó al arcoíris
el rojo a mí.

José Luis España Sánchez
España

PAZ

Pido cordura
a los hombres que mandan:
¡paren las guerras!

A Dios suplico:
no más niños que mueren
bajo las bombas.

Zanjad disputas
al mar todas las armas
por favor ¡PAZ!

Luz Betancur Posada
Chile / Colombia

FE

Fe necesaria
para romper la matriz
que nos separa.

Estar en calma
abiertos al misterio
que se devela.

Kristopher Torres
Puerto Rico

MUSA

Mi sentimiento
de pura ira viene y va
furioso calor.

Un vino es ella
agrio que huele al ritmo
bon bon del tambor.

Serpiente plácida
desnuda se envuelve
sobre mi amor.

Áspera mas yo
deseo su piel sedosa
cruel e infiel vapor.

Orlando Pérez Manassero
Argentina

DESPIDIÉNDOME

Deseoso de ver
mi aspecto más real
atisbo mi yo.

Espejo traidor
me devuelves un rostro
pero no soy yo.

Se ve muy claro
mil arrugas de años
cabellos idos.

Porte de viejo
entrecerrados ojos
cansados de ver.

Inquietas manos
y muy lentos los pasos
queriendo andar.

De poco hablar
porque ya dijo todo
en sus escritos.

Involucrado
en complicados versos
de cien siglemas.

Entonces digo;
con tantas semejanzas
parece ser yo.

No, no puede ser
no me creo tan viejo
¿acaso lo soy?

Dime, espejo
esa imagen miente
no es de verdad.

O debo creer
que estoy despidiéndome
cerca del final.

Mejor lo callas
empáñate ya mismo
ocultándome.

Es mi decisión;
si él es como yo soy
no quiero ser él.

Elba Gotay Morales
Puerto Rico

SALUD

Se me escapa
la vida, permiso le
pido a seguir.

A cuentagotas
suspiro, me esfuerzo
agotamiento.

Limitaciones.
Mi cuerpo no responde
como ayer, hoy.

Urgen cuidados
escaso el dinero
no hay recursos.

Débilmente voy
intento, dejo todo...
hasta la vida.

Lisa María Hernández Montañez

Puerto Rico

PRIMAVERA

Pausa impuesta
solsticio que no llegó
sol extraviado.

Rimas perdidas
acordes arpegiados
en cuerdas rotas.

Imaginación
en marzo apagada
la muerte lenta.

Mustios pétalos
al suelo van sin ser flor;
no hay abejas.

Antagonista
del amor noble real
presagio eres.

Vagabundo fue
el trinar de las aves
entre mis ramas.

Efecto hostil
sembrar flores sin tierra
ni agua pura.

Razones llevo
cual tatuajes en alma
otoñándose.

Abrí ventanas
claudicó primavera
hoy es verano.

Adriana Villavicencio Hernández
México

LUCHA

Llamar mi voz
resurgir valentía
decir ¡ya basta!

Un paso firme
agarra el corazón
abrir mil voces.

Caminar lento
cuestión de decisión
ya no te culpes.

Hilo el dolor
embriaga sinfonía
quererse vivo.

A destellarse
con el orgullo de
sí haber vivido.

Violeta Lorenzo Feliciano

Estados Unidos / Puerto Rico

NOMEN NESCIO

Nombres de pila
quedaron olvidados
por la violencia.

Odioso olvido
de nombres y apellidos
hiere al país.

Muchos cadáveres
que fueron sepultados
como N.N.

Espectros son
que atormentan las mentes
de los verdugos.

¿Nacerá del
silencio un grito de
paz que los nombre?

¿Nunca sabrán
sus íntimos amigos
qué sucedió?

El asesino
al final se acobarda;
no quiere hablar.

Sin nombre están
quienes yacen en hondas
fosas comunes.

Crimen de estado:
¿Impune el asesino?
¿Habrá justicia?

¿Insistiremos
para que se investigue
lo que pasó?

¿Olvidar crímenes
de lesa humanidad?
¡Imperdonable!

Francisco Pagán Oliveras
Estados Unidos / Puerto Rico

FUEGO

Fuiste la noche
vertida en el cielo
antes del día.

Ungiendo al sol
mientras fue coronado
sobre los mares.

Escribiendo "luz"
en la masa cósmica
al fin del mundo.

Grabando oro
en las brillantes rocas
vueltas arena.

Obrando astros
sobre la atmósfera
con alas de flor.

Alejandra Viscaino Naranjo
Ecuador

AMOR

Aún lloro mil
pétalos salados en
tu cruel ausencia.

Musito mi cruz
el epitafio calla
y muere la luz.

Oscuro clavel
lápida palpitante,
duelo sin fin... soy.

Ruego a gritos:
¡Escápate del cielo
y abrázame!

Sarahi Valdivia Flores
México

LUGARES DONDE YA NO ESTÁS

Le lloro aquí
a la tierra húmeda
de tu entierro.

Uno rodillas
al suelo, a tu cuerpo
todavía mío.

Grabar tu nombre
en el cemento frío
es consumante.

Ahora sobra
un plato en la mesa;
ya no somos dos.

Romero, un té
y café para dormir
sin pesadillas.

Extrañarte hoy:
llorar cuando se siente
grande la cama.

Siento el dolor
en la miel del lenguaje
entre mis dientes.

Doblo la ropa
que ya no puedes usar
que quedó nueva.

Oigo la radio
en el día, pero ya no
puedo contarte.

No he quitado
tu cepillo del baño
por si regresas.

Dejo abiertas
las ventanas, los oídos
y el ombligo.

Extraño todo;
el burbujeo de sangre
bajo tu cuello.

Yaces en donde
no puedo alcanzarte
vitalizante.

Antes decías
querer paz, me pregunto
si aún lo haces.

Nombro los "ya no"
y no me alcanza el
abecedario.

Odio el blanco
tu tumba y admitir
que ya no hay más.

En el alféizar
se paran los pájaros
para buscarte.

Sigo dejando
tu chamarra colgada
por si te da frío.

Tejo tu nombre
mientras rezo para no
olvidar tu voz.

"Aquí te guardo
encierro tu panspermia
por si regresas".

Sangra quijada
hoy, de tanto llamarte
desintegrada.

Federico Jiménez
México

JITANJÁFORA

Juegos de la voz
invención en libertad:
crear palabras.

Inventar mundos
atravesar sonidos
el alma danza.

Tararear letras
hilando las sílabas
vibran fonemas.

Antes de hablar
los jirones de sueños
transmiten magia.

Nacen palabras
que juegan en mi mente
abren mil puertas.

Jitanjáforas
palabras sin sentido
orquesta libre.

Arar la tierra
imaginada y limpia
del verbo nuevo.

Florecen letras
desde sus orígenes
nacen de la voz.

Oropenando
masticulador sondro
elevatruva.

Resuenan libres
las armoniosas voces
en el asombro.

Alegre canto
palabras dibujadas
a voz alzada.

Aida Mendoza Rivera
Puerto Rico

<u>VOY</u>

Voy por el mundo
cosiendo aventuras
e hilvanando.

Ondeo banderas
que zurzo en el viaje
comparto dedal.

Y me deleito
viendo cada paisaje
en cada viaje.

Jonathan Zuno
México

CIELO

Celeste color
que pinta mi ciudad
y me acompaña.

Irradia el alba
oculta las estrellas
el lienzo blanco.

Enigmático
libertad para el ave
sueño del hombre.

Lágrimas bajan
alegra su llegada
al atardecer.

Oscuro ya está
historias leo ahora
uniendo puntos.

Izamaris Hernández Rodríguez
Puerto Rico

SIN TI

Sobar tus rizos
imaginariamente
es mi alivio.

Inculcándome
en la nueva materia
de la soledad.

Navego mi ser
sonando tu ausencia
por tu extinción.

Temblorosa voy
desechando las huellas
tuyas que sobran.

Ilesa sin ti
cuestionando tu arte
de dudosa luz.

Ana María Burgos Martínez
Puerto Rico

CUNDEAMOR

Cada ocaso en
nuestra isla tropical
brillan tus tonos.

Un amarillo
luminoso, brillante
de tu corteza.

Nacen las flores
que embellecen los montes
de mi terruño.

Dos picaflores
vienen todos los días
por néctar-vida.

Enhorabuena
engalanas los campos
nuestros, isleños.

Ahora vino
la primavera llena
de flor, color.

Madre ser, vida
los huertos florecen de
cundeamores.

¡Oh! Atardeceres
de destellos de sol
sobre el Caribe.

¡Rica, bendita
es mi isla caribeña
mi Puerto Rico!

Carmen Chinea Rodríguez
España

ANCESTROS

Antes del tiempo
que transcurre pausado
los encontramos.

Nostalgia feroz
resuena indómita
en nuestra alma.

Cruzaron mares
generosos, valientes
sacrificados.

En mi mirada
todavía habitan
y me sustentan.

Su sacrificio
soporte y trabajo
en tierra yerma.

Tiempos complejos
fortaleza y temple
que heredamos.

Raíz y fuente
origen y legado
siempre presente.

Oasis fértil
finalmente hallado
que celebramos.

Susurran aún
relatos de tragedia
y esperanza.

Virginia Ledesma Villar
México

COLIBRÍ

Color y brillo
observo en tus alas
siento tu vuelo.

Olvido, siento
suspiro, miro, amo
deseo llegues.

Libre hoy vuelas
con esa bella magia
compartes tu luz.

Inspiras mi ser
con la gran esperanza
de vivir feliz

Bondad y amor
veo en ti, espero
que regreses hoy.

Revolotea
por valles y jardines
lleva ternura.

Irradia tu luz
la dulce melodía
de tu bello ser.

Hector Arguinzones Noriega
Estados Unidos

CAMPEÓN

Corre el tiempo
horas cumplidas marcan;
¡qué bella vida!

Altos y bajos
atento le escucho;
lecciones dejan.

Miro sus ojos
alegría irradian;
¡Tiburón ganó!

Por años vivió
victoria esperando;
paciencia premia.

Él es sin saber
ramillete de triunfos;
los frutos hablan.

Oro no buscó
la familia, su prenda;
orgullo siente.

Ningún padecer
opaca su hazaña;
¡mi gran campeón!

Hector Arguinzones Noriega
Estados Unidos

¡VIVES!

Vive tu verso
otras musas escolta;
textos laureados.

Infundes valor
tinta de tu alma que
lección esboza.

Vive el tezón
del lápiz indómito;
saber delega.

Escritas dejas
estrofas de ilusión
a quien atisba.

Sapientes notas
desde diarios musitan:
¡en ellas vives!

José María González Marcos
España

EL SILENCIO QUE NO VES

Es el silencio
el matiz de mi rostro
acomplejado.

Lugar insólito
donde retumban sólidas
esas palabras.

Silencio, ves
arropa el sinsentido
de mi nostalgia.

Idea trágicos
besos estratosféricos
tal vez sin ti.

Labios errantes
carcomidos por brisa
estanca, torpe.

Enamorado
de aquel meandro frágil
sordo, templado.

Nombres proscritos
surgen de su regazo
como sirvientes.

Como sirvientes
de aquellos versos tránsfugos
que te escondí.

Imaginando
mundos sonoros sobre
tu ego indómito.

Ojos vehementes
desprecian arrogantes
lo que no ves.

¿Qué es lo que ves?
¿Un alma invertebrada?
Me ves a mí.

Una vez más
desgarras mi silencio
con gritos gélidos.

Esperas todo
pero tu todo cuenta
historias negras.

Negras y tersas
inabarcables siempre
por mi silencio.

O por mi grito
el que castra el silencio
que tú me impones.

¿Ves o no ves?
Miras mirando en mí
no en mi silencio.

Empiezo, siento
trasnocho tras la puerta
del mejor sueño.

Siento distante
el sonido del viento
que ayer me habló.

Benjamín Milano
Puerto Rico

ALEGRÍA

Abro este instante
como fruta madura
de alivio dulce.

Libo su efluvio
de resplandor errante;
su ola me arrastra.

Ebrio de entrega
transportado me rompo
contra su brillo.

Guardo sus hebras
de luces residuales
con entusiasmo.

Respiro acordes
del manjar que preludio;
ardo en sosiego.

Íntegro ingiero
tajadas de horizontes
reverdecidos.

Acepto el gozo
que nutre de latidos
el firme arraigo.

Leyda Gómez Rentas
Puerto Rico

DESVELO

Dulce momento
para soñar despierta
llorar mis duelos.

Espacio tierno
para rendirme cuentas
sin intereses.

Silente voz
que para ahogar mi grito
lo hace canción.

Vivir recuerdos
inventados por mi alma
mirando al techo.

Estar conmigo
acompañarme a solas
sí, yo conmigo.

Lograr que el sueño
aproveche la noche
por su camino.

Orar sin miedo
sentir que Dios sonríe
cuando le canto.

Amanda Hays Kótova
Costa Rica

ESPERANZA

Entonces se ve
sombrado procurando
paciencia y fe.

Sin la conciencia
niega y no percata
de su potencia.

Pájaros vuelan
ramas crecen sin rumbo
quietas y en paz.

Espera la vez
cuando verá su vida
sin cuestión de ¿qué?

Rosas componen
brisa verde verana
¿cuándo creceré?

Abrazo de mar
un fresco del natural
hecho corporal.

Niépce no capta
tampoco sus siguientes
lo que exacta.

Zafiro cristal
manta de paraíso
flota en costal.

Atrae aire
de manantial sin final.
¡Comienza! Pide.

Irene Bosch
Estados Unidos

JARDÍN

Jacarandá es
un árbol solitario
recuerdos de ti.

Acacias amplias
cubiertas de chicharras
lagrimean ocre.

Rosales ventean
ojos de grillos te ven
detrás del pasto.

Dalias y lirios
combinan tonos, tornan
sucumben solos.

Índigos caen
lavandas y gladiolas
dándote todo.

Nardos que cierran
verdes capullos sueltan
lejano olor.

Ana Gerónimo Maríñez
Estados Unidos

ME AMO

Mi ser abrazo
disfruto mi esencia
amor, eso soy.

En cada paso
mi gran valor encuentro
tras cada error.

Amarme así
es disfrutarme, fluir en
continuo cambio.

Mirarme en el
espejo real y ver
mi aura de luz.

Oír alta voz
mi alma que insiste:
yo soy, "me amo".

Rosura Tamayo Ochoa
México

MEZQUITE

Mágico el árbol
lleno en grandes bondades
medicinal.

Es su raíz
hasta cincuenta metros
profundidad.

Zonas más áridas
en centro y sur de México
principalmente.

Quinientos años
llega a sobrevivir
fuerte y longevo.

Una delicia
la miel que él fabrica
frutos en vainas.

Ingrediente útil
alimenta su goma
que se le forma.

Temperaturas
extremas él resiste
bella su sombra.

Excelente es
alimento a abejas
las favorece.

Verónica Amador Colón
Puerto Rico

PRIMAVERA

Palpitando vas
entre valles y lomas
te dejas notar.

Ríes cual silbidos
en la larga vereda
te contemplaré.

¡Inigualable!
Belleza exquisita
¡eres sin igual!

Multitudinal
flores multicolores
¡besando todo!

Ángeles vienen
esparciendo corolas
muy sigilosos.

Viento juguetón
acariciando mi faz
cierras mis ojos.

Eres belleza
para estas criaturas
en lo terrenal.

Ramos de ilusión
cada rosal hoy tiene
para regalar.

Ánimo das hoy.
En compás moderado
al ver su candor.

Adriana Amezcua
México

TE EXTRAÑO

Tiembla en mí el sueño
al recordar tu boca
decir tu nombre.

Eriza mi piel
esta idea ridícula
de no verte más.

En el camino
me sigue así tu sombra
y sola no estoy.

Xilografiado
corazón de madera
que tiene flores.

Trato de olvidar
y no puedo y no quiero
jardín tatuado.

Rítmico espiral
de duelos hacia dentro
repeticiones.

Áurea proporción
de divina imperfección
que da la vuelta.

Ñandú que canta
un recuerdo de sueños
lo que nos faltó.

Oblicuo final:
extrañarte es amarte
aun con tu partir.

Áurea Beltrán Colón
Puerto Rico

CAMBIOS

Con gran sorpresa
llegan los grandes cambios
y nos invaden.

A veces río
a menudo sollozo
y hoy... medito.

Mucho me duelen
las injusticias sin fin.
Amo el amor.

Bienvenido es
lo diverso y bello;
mantengo mi fe.

Intento soñar
con un mundo supremo
y gente buena.

Odio el desdén.
El orgullo y mentir
no caben en mí.

Sembremos piedad.
Proyectemos humildad.
¡Reclamemos LUZ!

Antonio Salas Ramírez
Costa Rica

ESPERANZA

Ecos del alma
susurran en la noche
luz que nos calma.

Soñó Ícaro
más allá de los miedos
futuro claro.

Pasan los días
y renacen las flores
brota la vida.

En el corazón
arde la llama viva
guía la razón.

Ríos sin dueños
nunca se secan, siguen
crecen los sueños.

Almas resisten
tormentas de la vida
ellas insisten.

Naves enteras
navegan a lo lejos
surcan fronteras.

Zafiros rojos
destellos de esperanza
abren cerrojos.

Amanecerá
cada día que pase
más bello será.

Esmeralda García
México

MALINTZIN

Mexica noble
princesa derrotada
en esclavitud.

Armas y lanzas
un pueblo mancillado
historia ancestral.

Lucha intensa
entre vida y la muerte
de congéneres.

Indígena eres
traidora y obligada
promesas viles.

Nadie entendió
las razones del actuar
maquiavélico.

Tierra vejada
hermanos conquistados
y masacrados.

Zona nativa
fiel maya y náhuatl
negociadora.

Inmoral amor
con el español Cortés
un hijo nació.

Nodriza india
madre del mestizaje
honrar tu valor.

María del Rocío Manzano Hernández
México

NATALI

Niña que sueña
que duerme en la luna
es siempre feliz.

Abeja libre
revuela por el cielo
sin malicia.

Tierna con todo
con el perro, con la flor
con su hermano.

Abraza y besa
la mañana y la noche
la lluvia y el sol.

Llega el estirón
y con él muchos cambios
es muy natural.

Inocencia
no te vayas de prisa
¡vida, cuídala!

Ana Lucía Caravajo Narváez
Ecuador

PERDÓN

Pasamos muertos
en quejas y minucias
sin optimismo.

En las mañanas
sumerges la memoria
en discusiones.

Radiantes días
piden tu gran aporte.
¡Despierta pronto!

Dudas al suelo
participa sin miedo.
Las horas pasan.

Óbices, fuera.
De corazón, perdona
no a la mentira.

Nada es gratuito
comparte buenas vibras.
¡Los triunfos llegan!

Aida Díaz Díaz
Puerto Rico

PANDEMIA

Pasaron los días
crecía el temor
incertidumbre.

Antes, despúes
dos breves historias
aprendizaje.

Nunca pensamos
un mundo cambiante
creatividad.

Días y noches
trazando la historia
rediseñar.

Encierro, sombras
pensamientos revueltos
reorganizar.

Miro adelante
aprendo a vivir
ilusionarme.

Incertidumbre:
presente y futuro
viviendo, ser.

Ama la vida
rescata enseñanzas
agradecer.

Honorio Agosto Ocasio

Puerto Rico

LA VERÓNICA

Laudable misión
eternizó tu nombre
¡oh gran señora!

Año tras año
el mundo reflexiona
La Verónica.

Valiente dama
que desafió el tropel
de la infamia.

Espontánea
fue hacia el encuentro
del Nazareno.

Riesgosa acción
la llevó a contemplar
el rostro de Dios.

Ónix celestial
predominó el dolor
de la Santa Faz.

No habrá pintor
que emule el lienzo
de esta mujer.

Irrefutable
muestra del más sincero
y puro amor.

Con justa razón
pasó a la historia
La Verónica.

Antecesora
del hombre y la mujer
que claman piedad.

Gloria Laureano García
Puerto Rico

PAZ

Padre grandioso
escúchanos, por favor.
Tu carne clama...

Ámanos sin fin.
Misericordia y perdón
para tus hijos.

Zanja los choques
entre nosotros, para
que reine la paz.

Jorge Riera
Venezuela

HASTA EL FINAL

Hoy es desazón
un presente sin razón
porvenir sin son.

Almas al albur
horizontes de baldíos
turbios olvidos.

Saltos al vacío
asaltos repetidos
faustos roídos.

Todos con ella
todo el mundo con ella.
¡Nadie sin ella!

Ahora o ya
terminación y pasión.
¡Perseverancia!

Ella promete
los ogros arremeten.
¡Fin sorprendente!

Luce venciendo
y crece convenciendo
y trascendiendo.

Fatal y letal
por la vía electoral
gloria inmortal.

Inmensa su tez
de las ingentes gentes.
¡Vente creciente!

Naciente astro
brillan cuna y luna
lustran la patria.

Alcanzar el fin
cumplirá en la meta
son y trompetas.

Libertadora
épica que te adora.
¡Hasta el final!

Adina Cassal
Estados Unidos

PREGUNTAS

Pequeños, tiernos
buscan comprender cada
nuevo misterio.

Repiten: ¿qué
es esto? ¿por qué? ¿cómo?
Uno contesta.

Entre respuesta
y respuesta, más nacen
incertidumbres.

Grandes ansias hay
de encontrar verdades
ver un camino.

Unos minutos
antes del anochecer
y hay más dudas.

No hay final:
repiten, repetimos
¿qué? ¿por qué? ¿cómo?

Tarde o temprano
vemos que todo, todo
es espejismo.

Adultos, viejos
el alma se nos llena
con más preguntas.

Sueños y enigmas:
son naves, alas y anclas
son aire y agua.

Yasmín Navarrete
Chile

ANSIEDAD

Ángeles sin ti
un soplo del desvelo
tocando arpas.

Noto tu piel
suspirando al final
devasta el sol.

Solo en piedad
defrauda el navegar
sin ti insípido.

Islas van detrás
solo de tiempo agraz
recuerdan el fin.

Entra la noche
sol se apiada de ti
en otros ojos.

Discutibles van
con los hechos de mi piel
oración del sol.

Amargo el rol
que despliega tu razón
arriesgándote.

Días visibles
aún penumbras de sal
corroen mi piel.

Paula Cardona González
Colombia

VOLVER A LA PATRIA ES ESPERANZA

Veleta gira
es hora del retorno
a su propio mar.

Orquídea flor
y turpial montañero
el hogar llama.

Latino es él
laten coordenadas
en latitudes.

Viajero del sur
sin barco ni autobús
ave sin alas.

Encrucijada
la tierra prometida
en telescopio.

Retorno, canta
aquel cantor pájaro
ansiado vuelo.

Araguaney
viste amarillo el
arribo en abril.

Largos los días
sin pabellón, hallacas
plátano, maíz.

Arenga fuerte
su voz el Salto Ángel
canta Maturín.

Piragua, río
bicicleta, camino
ave sin alas.

Alternativa:
la selva del infierno
fuera del mapa.

Travesía, pies
distancias obligadas
para los sueños.

Roza el viento
los puntos cardinales
que ofrecen rutas.

Impedimento
ya no hay para volver
a la partida.

Amanecerá
la Pequeña Venecia
Tierra de Gracia.

Esposa lleva
de nombre Esperanza
gran compañera.

Sol que calentó
la soledad de su alma
en tierra ajena.

Expectativa
de futuro incierto
sin un mañana.

Suspiro y sed
el gemido y la sal
espera en el mar.

Posibilidad
temporal y futura
ante lo incierto.

Entusiasta es
abrigo de la noche
compañera fiel.

Ríe segura
sin ningún disimulo
bajo tempestad.

Aligera, pues
el reloj de los años
anhelo hosco.

Nodriza dulce
alimento, abrazo
en lejanía.

Zaguán que abre
paso al caminante
sin nido fijo.

Amplitud azul
más allá de las nubes
está su patria.

Blanca Padilla de Otero
Estados Unidos

JOSÉ GAUTIER BENÍTEZ

Joven poeta
"La perla de los mares"
verso popular.

Orgullo patrio
el amor por su isla
"Lira inmortal".

Su nombre brilla
"Lamento borincano"
canción popular.

Escribió versos
a su amada patria
muy sentimental.

Gautier, cagüeño
lírico consumado
gran humanidad.

Angustia sufre
"Ausencia" de la isla
lejos de su lar.

Ufano rema
sentado en "La Barca"
visión fantasmal.

Teme olvidar
recuerdos de su patria
"Deber de amar".

"Insomnio" narra
horas de sufrimientos
por enfermedad.

"El poeta" con
su musa se inspira
a versificar.

Romanticismo
exponente máximo
bardo magistral.

Brillante joven
muere tuberculoso
temprana edad.

"Ella y yo" por
el amor imposible
disconformidad.

Nostalgia loca
por "Un sueño" lúcido
delirio fatal.

Isla amada
el poeta describe
en cada lugar.

Tiempo que fluye
poemario de vida
estrella fugaz.

Es inspiración
es época de tisis
vida temporal.

"Zoraida" amor
imposible que duele
quimera mortal.

Mariana Pérez Villoro
México

PARQUE

Por la mañana
en la semilla suave
el sol dormita.

Agua del cielo
reverdece la huella
en el camino.

Relumbra el verde
traspasado por la luz
en una hoja.

Quietud de tarde
troncos color dorado
prenden el lugar.

Una flor gira
llevada por el viento
frágil memoria.

Es delicado
el retoño en el tronco
aunque sea árbol.

Rubén Darío Portilla Barrera
Colombia

REMINISCENCIAS

Recuerdos gratos
lejanos en el tiempo
recuerdos vagos.

En cofres viejos
en brazos del pasado
ya en olvido.

Mi mente viva
medita en silencio
vuelve al ayer.

Inquieta niñez
mi dorada juventud
sueño juvenil.

¡No! Nunca pensé
que muy pronto partiría
para no volver.

Imborrables días
oh, días inolvidables
la vida fluía.

Soñé, reí, lloré
saboreé las alegrías
y las nostalgias.

Cultivé rosas
atrapé mariposas
cacé tórtolas.

Evoco los días
y los años plácidos
mis travesuras.

No olvidaré
esos cuentos de Mamá
Hansel y Gretel.

Cuando jugaba
aquellas escondidas
en noches claras.

Ilusiones mías
de hoy seguir viviendo
de mis recuerdos.

Ayer ya pasó
en el túnel del tiempo
yacen mis sueños.

Solo me quedan
bellas reminiscencias
de un pasado.

José Carlos López Otero
Puerto Rico

TACITURNO

Trepidaciones
corazón en arritmia
respirar fútil.

Ansiosa mente
se fuga divagando
presente ausencia.

Cargando un mundo
de culpa imaginaria
tangible llanto.

Intensifican
el cruel malentendido
de entes sociales.

Tergiversando
las escasas palabras
que expresar logro.

Usurpadores
de insensible torpeza
glorias hurtadas.

Reviven ansias
volver entre la gente
sin entenderle.

Normales seres
razonan diferente
sin lograr vernos.

Ofuscan así
a las almas radiantes
germen humano.

Antonio Manzano
Venezuela

LIBERTAD

La onda grácil
fuente de vida misma
te siento bella.

Impaciente es
quien no sabe esperar
yo te respiro.

Bondad suprema
calidad y cantidad
del cielo llueves.

Enjambre de miel
cantos de alabanza
somos de tu luz.

Recíbeme hoy
con tus ojos vendados
fiel, como siempre.

Tótem divina
eres mi preferida
sin ti, no soy yo.

Aquí estamos
con todas tus señales
ya eres mía.

Dulce tu nombre
susurro adentro, en
antes y después.

Ivonne de Liz Sánchez
Puerto Rico

DESPERTAR

De repente vi
que lo que creí es más
imaginario.

Es sueño vivo
es un juego mío
y sin sentido.

Sentido le doy
a como yo quiera.
A lo que quiera.

Pienso y creo.
Hablo y manifiesto.
Siento y vivo.

Ese es mi don.
Ese es mi regalo.
Mi propósito.

Reír con gracias.
Sentirlo con gratitud.
¡Maravillosa!

¡Tan grande yo soy!
Despertó una diosa.
Al fin desperté.

Ahora creo
todo a mi antojo.
Gracias al poder.

Recibido del
universo entero.
Vivo mi sueño.

María de los Ángeles Coss y León Vázquez
México

CALMA

Claridad y paz
que envuelven el todo
en plena quietud.

Atento pensar
con toda tranquilidad
en el presente.

Luz de estrellas
brillando en los seres
que quieren creer.

Mares y soles
conjugados en el hoy
rítmicamente.

Atardeceres
y bellos paisajes
en el corazón.

Sandra Hernández Garduño
México

ESCRIBO PARA SANAR

Estoy ante ti
vida, en mi caminar
expresándome.

Sueño, escribo
olvido el malestar
inspirándome.

Corazón sano
divina musa guía
al genio mental.

Reminiscencia
recuerdos indelebles
en mi soledad.

Ideas fluyen
como llovizna fluvial
para recitar.

Busco palabras
las vivas imágenes
de amor, de paz.

¡Oh! Otro día
un lindo amanecer
nuevo despertar.

Por horas pienso
la vida me sonríe
en mi caminar.

Azul celeste
el cielo me inspira
color celestial.

Rivera seca
de un pasado yermo
nuevo germinar.

Ahora, creo
vivir en el presente
mi realidad.

Silencio mi ser
abro la voz del alma
para escuchar.

Ánimo me da
saber que estoy sana
el cáncer se va.

Nada detiene
el que pueda flaquear
vuelvo a confiar.

A veces temo
a lo que pueda llegar
calmo mi pensar.

Reúno fuerzas
escribo para sanar
hasta mi final.

Carmen García-Ocasio
Puerto Rico

NAÍF

Niños del mundo
no teman por sus vidas
ya son ángeles.

Aquí vivirán
sin fronteras y razas
plenitud total.

Ínsula donde
habita la pureza
amor por doquier.

Faetón, sube
con tu preciosa carga
al paraíso.

Bella Martínez
Puerto Rico

KARMA

Kilometraje
de gran beneficencia
tengo en mi cuenta.

Al embrollarme
entras en una deuda
con quien me cuida.

Ruindades de ti
empeñadas contra mí
fueron constantes.

Manipulación
de la cuenta por pagar
no funcionará.

Arancelaste
a tu amada hija
por ser vil gente.

Kenia Hernández Hernández
México

CREACIÓN

Cada idea es
estar presente en mí
y buscar salir.

Reflejo de luz
inspiración y caos
confusión total.

Emoción tenaz
incertidumbre actual
travesía eterna.

Agibílibus
incesante anhelo
cautela firme.

Catarsis mental
mantener la esencia
impulso feraz.

Imaginación
designio exorbitante
ecos de sueños.

Ofendículo
sosiego inminente
seguir la senda.

Nefelibata
metamorfosis llega
plasma materia.

Ellos dijeron lo que querían decir.

www.ingramcontent.com/pod-product-compliance
Lightning Source LLC
Chambersburg PA
CBHW051649260626
47170CB00004B/1408